Marcy Schaaf
Arabic
جوامع
و ال
براز الأرنب الطائر

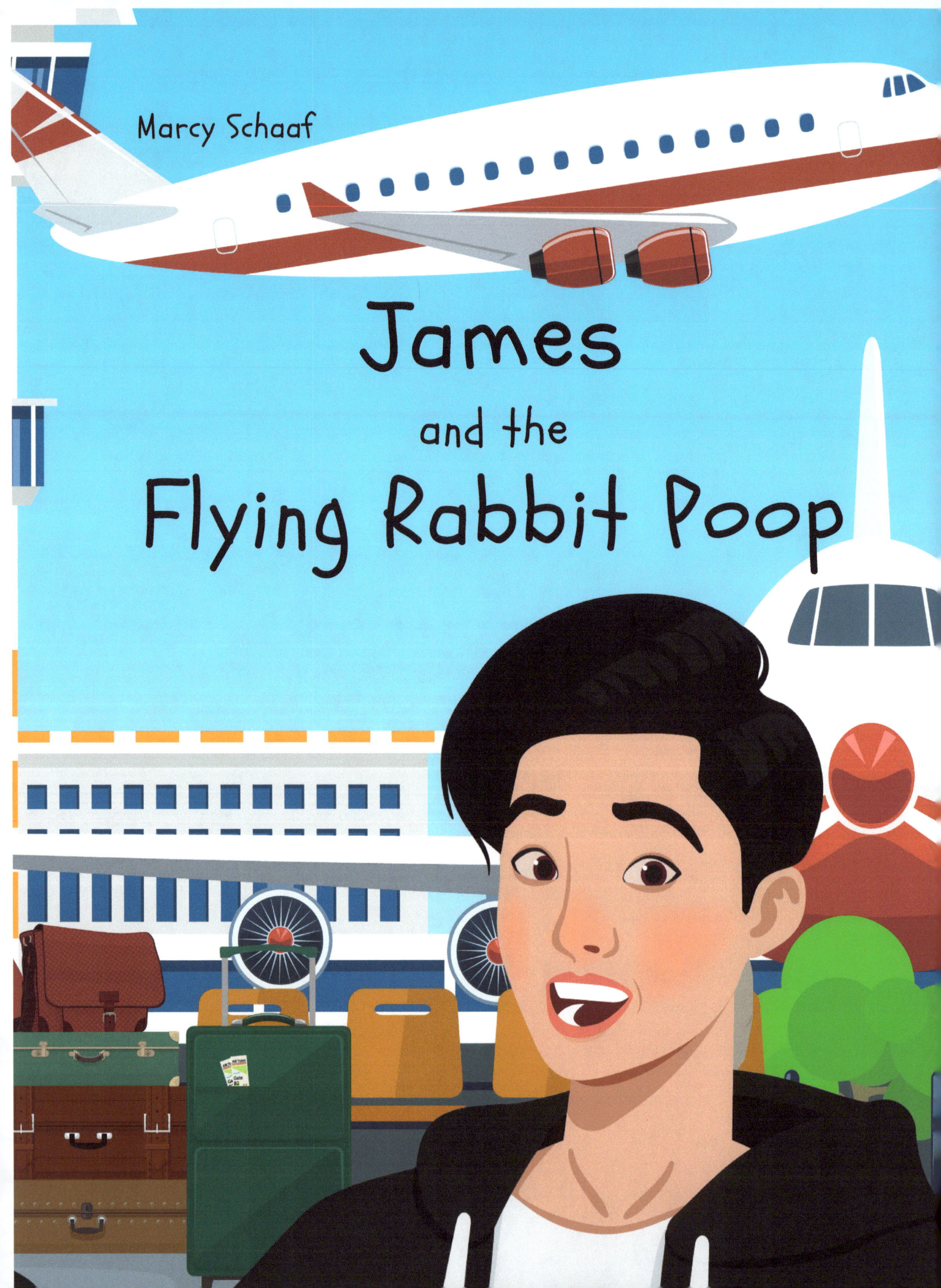

Marcy Schaaf
James
and the
Flying Rabbit Poop

Dedicated to James Le

Here's to the man who turned poop into gold and laughter into fertilizer! To the master of the magical rabbit sanctuary and the ultimate poop-tastic adventurer. May your carrots be crunchy, your rabbits be bouncy, and your flights always poop-filled (in the best way possible)! This book is dedicated to you, James, the unsung hero of the poopocalypse!

With heaps of gratitude and a sprinkle of rabbit magic,

مخصص لجيمس لو

هذا الرجل الذي حول البراز إلى ذهب والضحك إلى سماد! إلى سيد ملاذ الأرانب السحري والمغامر المطلق. أتمنى أن تكون جزرك مقرمشة، وأن تكون أرانبك نطاطة، وأن تكون رحلاتك دائمًا مليئة بالبراز (بأفضل طريقة ممكنة)! هذا الكتاب مخصص لك يا جيمس، البطل المجهول لنهاية العالم!

مع أكوام من الامتنان ورشّة من سحر الأرانب،

Introduction

Welcome to the whimsical world of James and the Flying Rabbit Poop! Get ready to embark on a journey filled with laughter, friendship, and a whole lot of poop! In this delightful tale, you'll meet James, a kind-hearted man with a passion for animals and a knack for turning poop into magic. Join James as he travels between the islands of Hawaii, spreading joy, nourishing gardens, and feeding hungry rabbits along the way. But beware, this story isn't your average bedtime read – it's packed with personality, charm, and a whole heap of fun! So, grab your imagination and let's dive into the enchanting world of James and his poop-tastic adventure!

مقدمة

مرحبًا بكم في عالم جيمس والأرنب الطائر الغريب الأطوار! استعد للشروع في رحلة مليئة بالضحك والصداقة والكثير من البراز! في هذه الحكاية المبهجة، ستقابل جيمس، وهو رجل طيب القلب لديه شغف بالحيوانات وموهبة في تحويل البراز إلى سحر. انضم إلى جيمس أثناء سفره بين جزر هاواي، لينشر الفرح ويغذي الحدائق ويطعم الأرانب الجائعة على طول الطريق. لكن احذر، هذه القصة ليست من النوع الذي تقرأه قبل النوم - فهي مليئة بالشخصية والسحر والكثير من المرح! لذا، أطلق العنان لخيالك ودعنا نتعمق في عالم جيمس الساحر ومغامرته اللذيذة!

Once upon a time, in the sunny paradise of Oahu, there lived a man named James.

ذات مرة، في جنة أواهو المشمسة، عاش رجل اسمه جيمس.

James wasn't your ordinary fellow.
Nope, he was a bonafide animal lover
with a heart as big as the ocean.

جيمس لم يكن زميلك العادي. لا، لقد
كان محبًا مخلصًا للحيوانات وله قلب
كبير مثل المحيط.

He ran a place so awesome, even unicorns would
be jealous – T & J Guinea Pig and Rabbit
Sanctuary!

لقد كان يدير مكانًا رائعًا للغاية، حتى أن وحيد القرن سيشعر بالغيرة - T&J Guinea Pig and Rabbit Sanctuary!

Now, hold your horses, kiddos! What in the world is a sanctuary? Well, it's like a deluxe hotel for animals who need a little extra TLC.

الآن، أمسكوا خيولك، أيها الأطفال! ما هو الحرم في العالم؟ حسنًا، إنه مثل فندق فاخر للحيوانات التي تحتاج إلى القليل من العناية الإضافية.

At James's sanctuary, fluffy rabbits roamed free,
doing bunny things like nibbling on carrots.

في ملجأ جيمس، كانت الأرانب الرقيقة تتجول
بحرية، وتقوم بأشياء مثل قضم الجزر.

HILO, HAWAII
Once a week
James flies to the big island of
Hawaii.

مرحبا، هاواي
يسافر جيمس مرة واحدة في الأسبوع إلى جزيرة هاواي الكبيرة.

HILO, HAWAII
But wait, what's in his special delivery?
It's not clothes or toys, it's... rabbit poop!

مرحبا، هاواي
ولكن مهلا، ما هو في تسليمه الخاص؟
إنها ليست ملابس أو ألعاب، إنها براز أرنب!

HILO, HAWAII
Now, don't go wrinkling your nose! This wasn't just any old poop. It was rabbit poop, and it was pure gold for a farmer on the big island!

مرحبا، هاواي
الآن، لا تذهب التجاعيد أنفك! لم يكن هذا مجرد أنبوب قديم. لقد كان براز أرنب، وكان ذهبًا خالصًا لمزارع في الجزيرة الكبيرة!

This farmer was over the moon for James's poop. He'd sprinkle it on his garden like fairy dust, and bam! His veggies grew bigger than your wildest dreams!

كان هذا المزارع في غاية السعادة بسبب براز جيمس. كان يرشها على حديقته مثل غبار الجنيات، وبام! نمت خضاره أكبر من أعنف أحلامك!

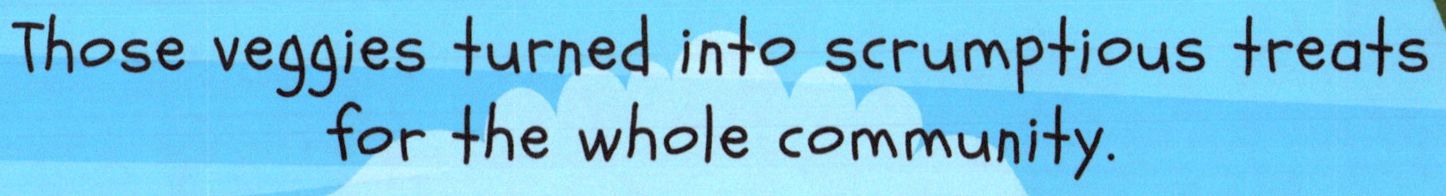

Those veggies turned into scrumptious treats for the whole community.

Folks from all over the place would flock to the farmer's stand on Pakaka Rd, in Pahoa just to get a taste of his mouthwatering goodies.

وتحولت تلك الخضار إلى أطباق شهية للمجتمع بأكمله.

كان الناس من جميع أنحاء المكان يتوافدون على موقف المزارع على طريق باكاكا، في باهوا فقط لتذوق أطايبه الشهية.

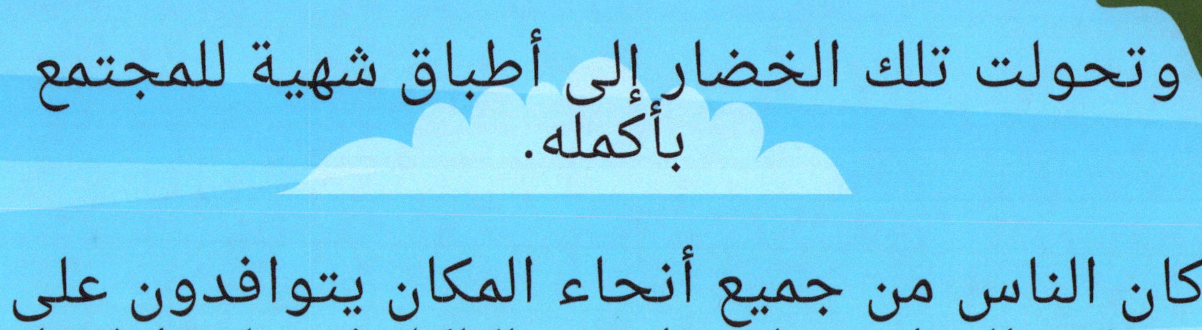

Meanwhile, James's rabbits were living the high life, munching on carrots as big as your arm!

في هذه الأثناء، كانت أرانب جيمس تعيش حياة مترفة، وتأكل جزرًا بحجم ذراعك!

It was like a never-ending circle of awesome!
James brings poop, the farmer grows food, and
the rabbits chow down.

لقد كانت مثل دائرة لا تنتهي من الروعة! يجلب جيمس البراز، ويزرع المزارع الطعام، وتأكل الأرانب الطعام.

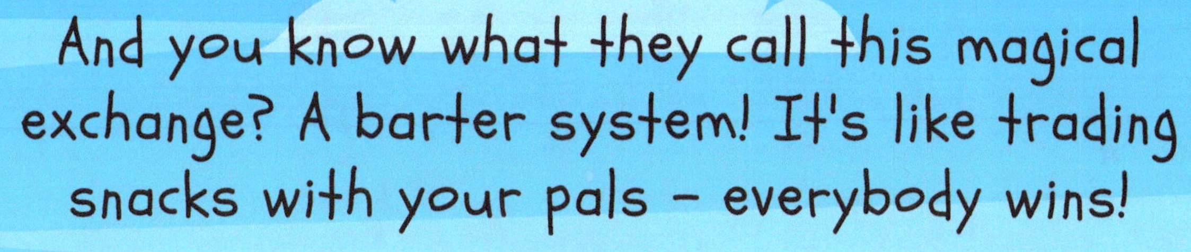

And you know what they call this magical
exchange? A barter system! It's like trading
snacks with your pals – everybody wins!

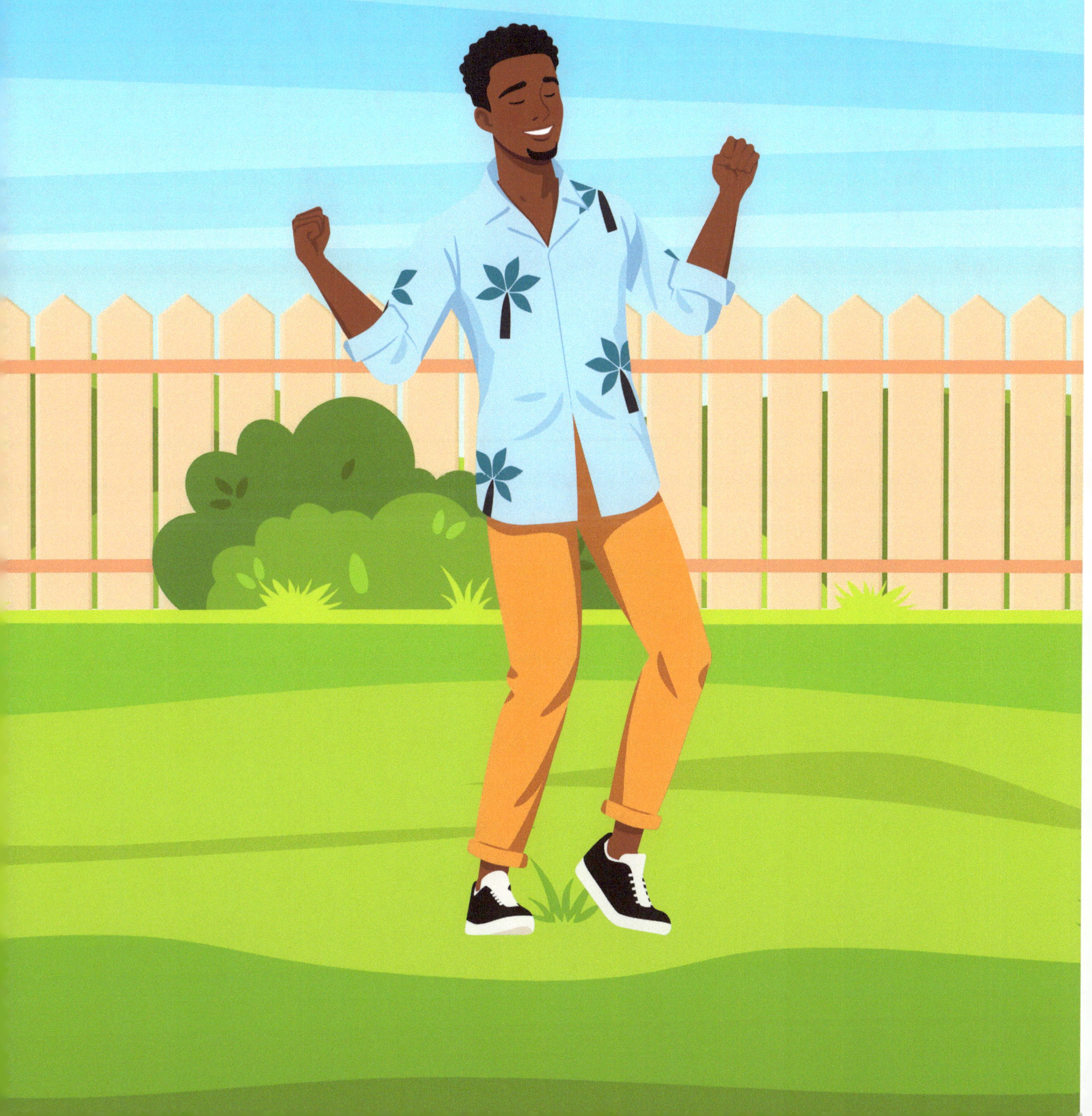

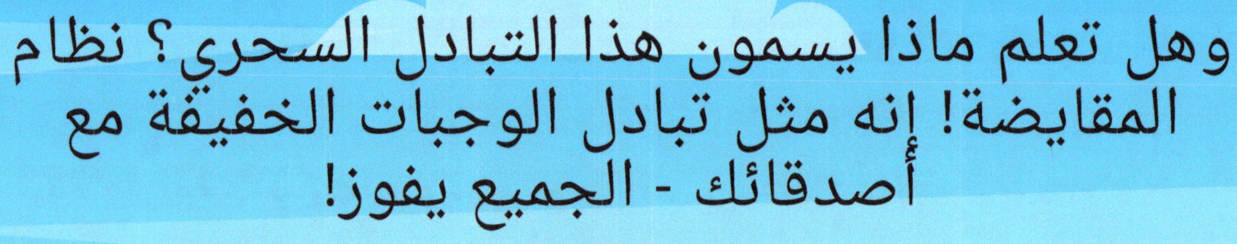

وهل تعلم ماذا يسمون هذا التبادل السحري؟ نظام المقايضة! إنه مثل تبادل الوجبات الخفيفة مع أصدقائك - الجميع يفوز!

But here's the real magic of it all – when we all
chip in a little, we can make big things happen!

ولكن هذا هو السحر الحقيقي لكل شيء - عندما
نساهم جميعًا بالقليل، يمكننا تحقيق أشياء كبيرة!

Now, let's put our thinking caps on. What do you reckon we should plant in the garden next time? Giant pumpkins? Rainbow-colored corn? The sky's the limit!

الآن، دعونا نضع قبعات تفكيرنا. ماذا تعتقد أننا يجب أن نزرع في الحديقة في المرة القادمة؟ القرع العملاق؟ الذرة الملونة بألوان قوس قزح؟ السماء هي الحد!

And what about the rabbits? What's their favorite munchie? Carrots? Lettuce? Maybe even a cheeky nibble on a strawberry?

وماذا عن الأرانب؟ ما هو طعامهم المفضل؟ جزر؟
خَسّ؟ ربما حتى عاب صفيق على الفراولة؟

Let's ask them! "Hey, bunnies, spill the beans!
What's your ultimate snack attack?"

دعونا نسألهم! "مرحبًا أيتها الأرانب، اسكبي الحبوب! ما هي أفضل وجبة خفيفة لديك؟"

They twitch their whiskers and wiggle their tails
– it seems they're fans of everything green and
crunchy!

إنهم ينفضون شواربهم ويهزون ذيولهم - يبدو
أنهم معجبون بكل شيء أخضر ومقرمش!

So, with James's rabbit poop, the farmer's garden, and the rabbits' insatiable appetites, the adventure rolls on!

لذلك، مع أنبوب أرنب جيمس، وحديقة المزارع،
وشهية الأرانب التي لا تشبع، تستمر المغامرة!

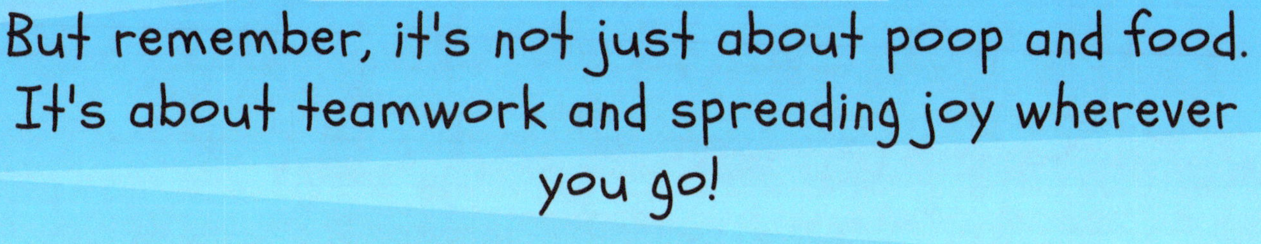

But remember, it's not just about poop and food.
It's about teamwork and spreading joy wherever
you go!

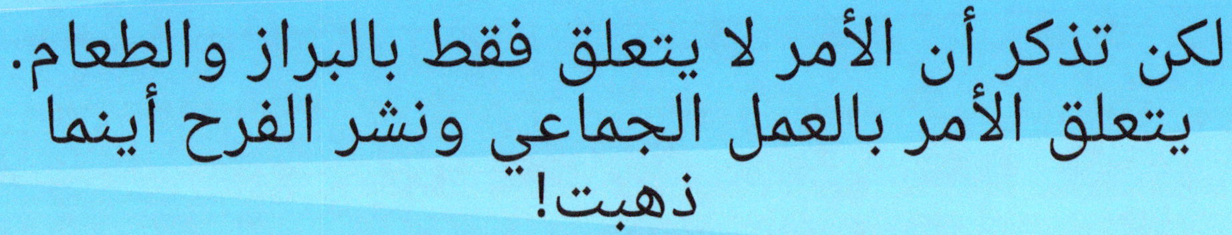

لكن تذكر أن الأمر لا يتعلق فقط بالبراز والطعام. يتعلق الأمر بالعمل الجماعي ونشر الفرح أينما ذهبت!

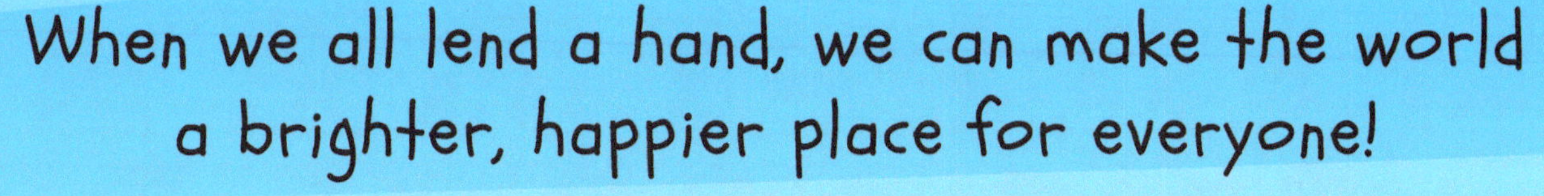

When we all lend a hand, we can make the world
a brighter, happier place for everyone!

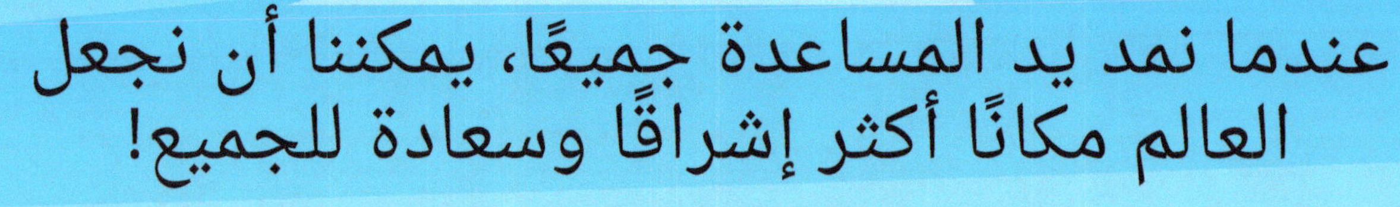

عندما نمد يد المساعدة جميعًا، يمكننا أن نجعل العالم مكانًا أكثر إشراقًا وسعادة للجميع!

So, the next time you see a garden bursting with life or a rabbit hopping with glee,

لذا، في المرة القادمة التي ترى فيها حديقة مليئة
بالحياة أو أرنبًا يقفز فرحًا،

HILO, HAWAII
Think of James flying with poop and remember magic blooms from the most unexpected places.

مرحبا، هاواي
فكر في جيمس وهو يطير مع البراز وتذكر أن الزهور السحرية تأتي من أكثر الأماكن غير المتوقعة.

whether you're a rabbit, a farmer, or a poop-carrying superhero like James, there's always something you can do to make the world a better place!

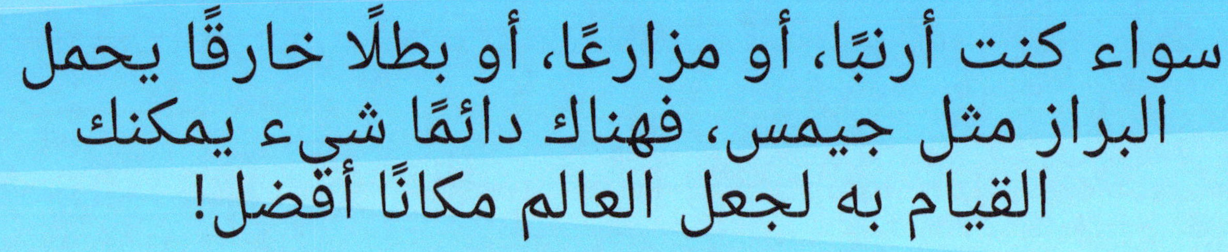

سواء كنت أرنبًا، أو مزارعًا، أو بطلًا خارقًا يحمل البراز مثل جيمس، فهناك دائمًا شيء يمكنك القيام به لجعل العالم مكانًا أفضل!

And when we join forces and work together,
there's no limit to the wonders we can achieve!

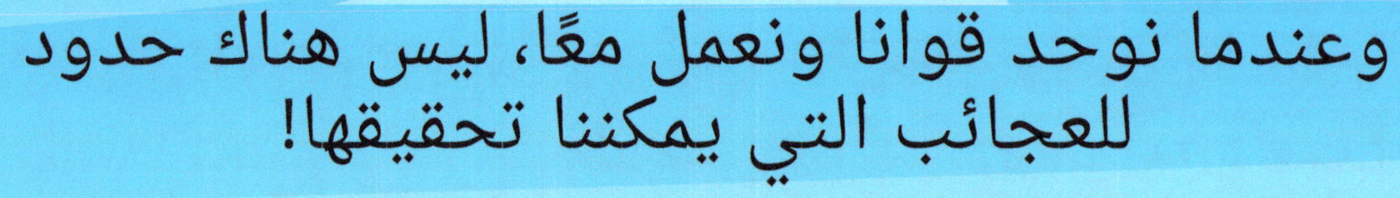

وعندما نوحد قوانا ونعمل معًا، ليس هناك حدود
للعجائب التي يمكننا تحقيقها!

Now, let's buckle up and soar through the skies with James on one of his epic poop delivery missions!

الآن، دعونا نربط حزام الأمان ونحلق في السماء مع جيمس في إحدى مهامه الملحمية لتوصيل البراز!

Zoom! We're off, flying high above the clouds, headed straight for the big island of Hawaii!

تكبير! لقد انطلقنا، وحلّقنا عاليًا فوق السحاب،
وتوجهنا مباشرة إلى جزيرة هاواي الكبيرة!

Touchdown! We land at the Hilo airport, where the farmer eagerly awaits his special delivery.

الهبوط! وصلنا إلى مطار هيلو، حيث ينتظر المزارع بفارغ الصبر تسليمه الخاص.

James pops open his luggage, filled to the brim with bags of poop. The farmer's eyes light up like fireworks on the Fourth of July!

يفتح جيمس أمتعته المليئة حتى أسنانها بأكياس
البراز. عيون المزارع تضيء مثل الألعاب النارية
في الرابع من يوليو!

"Thanks a million, James!" he exclaims, "This poop
is gonna work miracles in my garden!"

"شكرا مليون، جيمس!" صرخ قائلاً: "هذا البراز سيصنع المعجزات في حديقتي!"

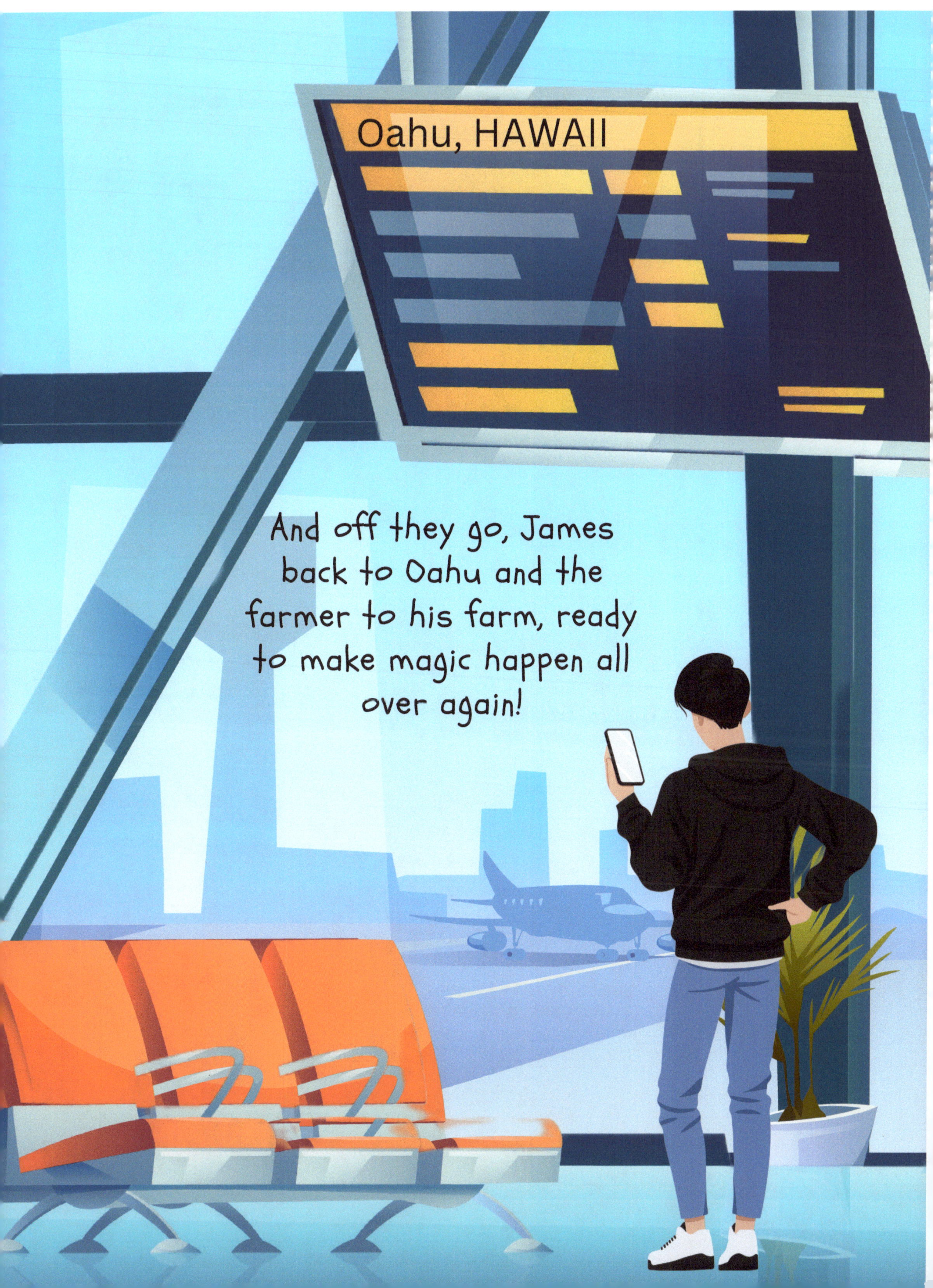
Oahu, HAWAII
And off they go, James back to Oahu and the farmer to his farm, ready to make magic happen all over again!

أوهايو، هاواي
وانطلقوا، عاد جيمس إلى أواهو والمزارع إلى مزرعته، على استعداد لجعل السحر يحدث مرة أخرى!

Oahu, HAWAII
So, let's spread kindness like confetti and make the world a better place, one poop-filled adventure at a time!

أوهايو، هاواي
لذا، دعونا ننشر اللطف مثل قصاصات الورق ونجعل العالم مكانًا أفضل، بمغامرة مليئة بالبراز في كل مرة!

The end...

النهاية...

T&J Guinea Pig and Rabbit Sanctuary
Kapolei, Oahu in the
Hawaiian Islands

حمية T&J لخنازير غينيا والأرنب في كابولي، أواهو في جزر هاواي

The real James Le with Author
Marcy Schaaf

جيمس لو الحقيقي مع المؤلف مارسي شاف

Pakaka Rd
Farm Stand
located in Pahoa,
Hawaii

يقع موقف المزرعة على طريق باكاكا في باهوا، هاواي

Books By Schaaf

www.BookBySchaaf.com

Find us at: